Die kleine Waffel-Bäckerei

Die schönsten Rezepte und Bilder

Von Frank Herbert und Carola Wolf

edition kierdorf

ISBN 3-922055 - 99-0

edition kierdorf im Verlag Ute Kierdorf
Gesamtherstellung: Verlag Ute Kierdorf
Printed in Germany 1984

INHALT

Zur Einstimmung:

Von Waffeln und Kaffee

Das zünftige Waffel-Essen, zusammen mit Kaffee, Reisbrei, Zimt, (Apfel-) Kraut und Früchten, hat in Deutschland eine lange Tradition.

Besonders im Bergischen Land und im Rheinland ist dieses köstliche Gericht, das nur zu gern mit einigen Gläschen „Aufgesetzten" abgerundet wird, weit verbreitet.

Die Waffeln wurden ursprünglich in zangenartigen Eisen, die ins Herdfeuer gelegt wurden, gebacken. Sie bestanden meist aus Hafermehl mit Wasser und Zucker oder einem anderen Süßmittel wie Kraut oder Honig. Hin und wieder wurden diese Waffeln auch mit Eiern verfeinert. Als im 19.Jahrhundert die eisernen Wende-

waffeleisen aufkamen, legten die Hausfrauen ihre Zangeneisen beiseite.
Die wichtigste Zutat zum Waffelessen, der Kaffee, kam erst viel später nach Deutschland. Anfangs war er nur für Begüterte erschwinglich:
Friedrich der Große ließ Staatskaffeebrennereien errichten, wo man den Kaffee sechsmal so teuer bezahlen mußte wie beim Kaufmann; er machte den Kaffeehandel zum Monopol und nur der Adel, die Geistlichkeit und höhere Beamte durften selbst Kaffee brennen. Das Landvolk sollte sich nicht an den Kaffee gewöhnen, damit nicht soviel Geld aus dem Land flösse. Die einfachen Leute behalfen sich damals mit dem „Muckefuck", einem Kaffee-Ersatz, der aus Zichorienwurzeln oder gebranntem Roggen- oder Gerstenmalz hergestellt wurde. Nur bei besonderen Anlässen leisteten sich ärmere Haushalte auch einmal ein paar Lot echten Bohnenkaffees. So nahm der Kaffeeverbrauch

erst im 19.Jahrhundert in Deutschland erheblich zu. Er betrug im Deutschen Zollverein in den Jahren 1838-1840 2,3 Pfund pro Kopf der Bevölkerung, in den Jahren 1865-1867 bereits 4,12 Pfund pro Kopf. Wer es sich leisten konnte, ließ den Kaffeeersatz stehen und füllte seine Tasse mit echtem Bohnenkaffee.

Länger schon als der Kaffee gehören Schwarzbrot, Quark und Honig oder Kraut auf den Kaffeetisch. Sie waren gewissermaßen Volksnahrungsmittel. Gute Butter und Weißbrot hingegen waren noch vor 1850 für weite Kreise der Bevölkerung keine alltäglichen Selbstverständlichkeiten. Statt des Weißbrotes wurde vielfach ein Mischbrot aus Roggen- und Hafermehl gegessen oder in späterer Zeit ein Mischbrot aus Roggen- und Gerstenmehl.

Die jüngste Zutat zu einem zünftigen Waffelessen ist der Milchreisbrei. Reis kam zwar bereits seit dem frühen 18.Jahrhundert aus Ostindien über Holland nach

Deutschland, galt jedoch bis um 1850 noch als Luxusware. Seitdem aber hat er sich mehr und mehr den Vloksnahrungsmitteln zugesellt. 1855 wurden durchschnittlich 672451 Zentner Reis in Deutschland eingeführt; 1870-1874 aber schon 1 891699 Zentner. Die Sitte, Milchreisbrei aufs Brot zu streichen, war einst weit bekannt. In einer Mitteilung aus dem Oberbergischen vom Jahr 1855 heißt es u.a.: Schicke doch noch was Reis, denn wir haben noch kein Kraut gemacht, wozu wirs noch brauchen... Aber auch anderswo wurde der Reis nicht nur mit dem Löffel aus der Schüssel gegessen, sondern auch als Brotaufstrich verzehrt. Der Inbegriff des Köstlichen war für alle Menschen früher eine Schnitte selbstgebackenen Rosinenstutens, dick mit Butter und Honig oder Kraut bestrichen und mit einer fingerdicken Reisschicht bedeckt.

Das Heimatmuseum Wülfrath gibt seinen Besuchern hierzu folgende Gebrauchsanweisung:„ Die Weißbrot-

schnitte wird reichlich mit Butter belegt, diese ebenso reichlich mit Honig bestrichen und das Ganze mit einer fingerdicken Reisschicht bedeckt. Schließlich werden, je nach Geschmack, Zucker und Zimt auf die Reisschicht gestreut. Haben Sie sich solch ein Prachtexemplar zu Gemüte geführt, tun Sie sich an den Waffeln gütlich. Der ganze Schmaus wird mit einer Schnitte Schwarzbrot, bestrichen mit Butter und Quark, abgerundet."

Diese kräftige Unterlage wurde häufig dazu benutzt, in gemütlicher Runde noch einen Klaren zu trinken, der häufig gezuckert war. Beliebt war stattdessen auch ein Aufgesetzter, ein auf Schwarze Johannisbeeren, Zukker und Vanille aufgesetzter Kornbranntwein.

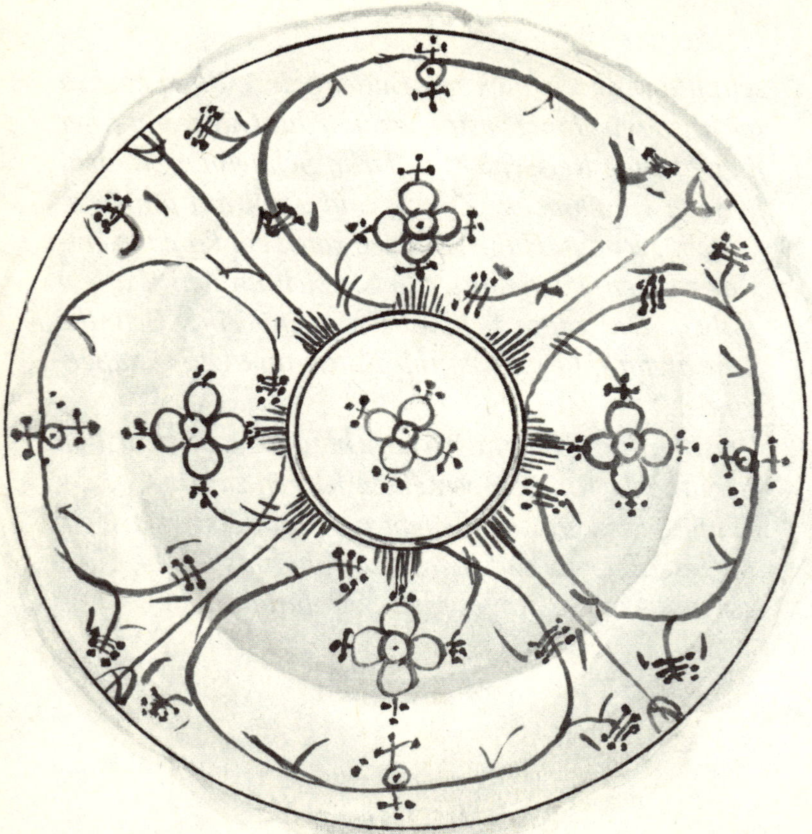

Rezepte

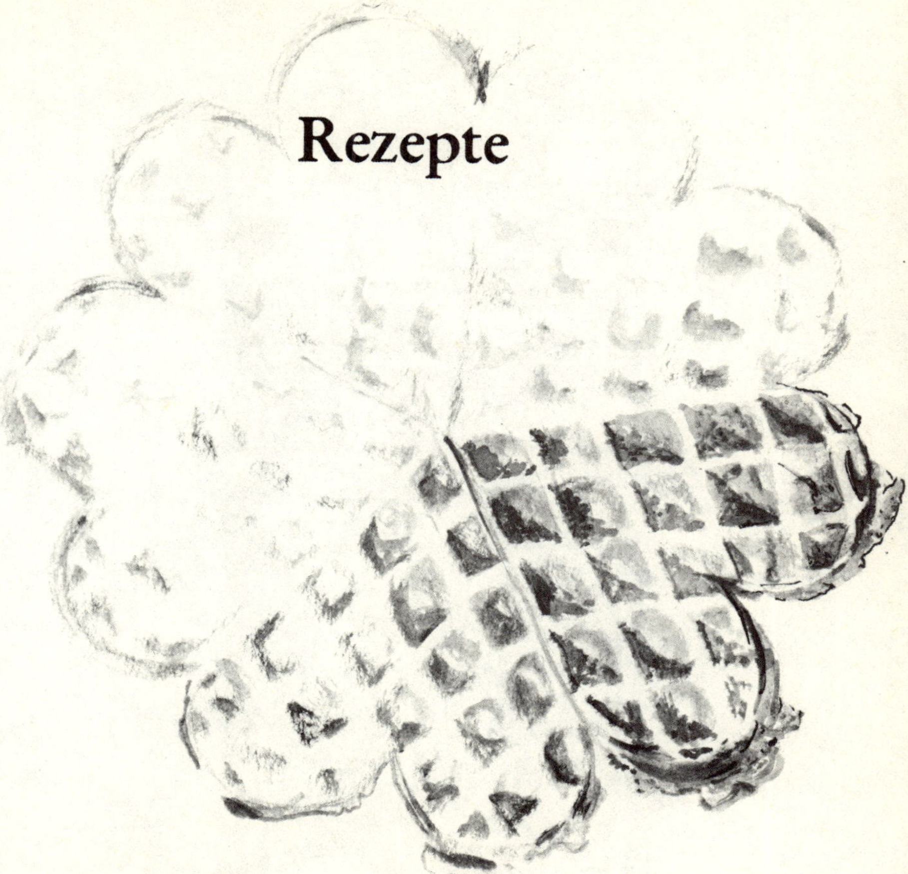

Einfache Waffeln

125 g Butter
30 g Zucker
3 Eier
1 Päckchen Vanillezucker
250 g Mehl
1 Teelöffel Backpulver
1/4 l Milch
1 Speckschwarte zum Einfetten

Eier, Butter, Zucker und Vanillezucker schaumig rühren. Das mit Backpulver vermischte Mehl und die Milch nach und nach zugeben. Das heiße Waffeleisen mit der Speckschwarte einfetten, den Teig schöpfkellenweise hineingeben und goldgelb backen.
Noch heiß mit Reisbrei, Zimt und Zucker servieren.

Feine Waffeln

250 g Butter
200 g Zucker
4 Eigelb
4 Eiweiß
abgeriebene Schale 1/2 Zitrone
150 g Mehl
150 g Stärkepuder
1/2 Teelöffel Backpulver
1 Prise Salz
1 Speckschwarte zum Einfetten

Butter, Zucker, Eigelb und Zitronenschale schaumig rühren, dann das zu Schnee geschlagene Eiweiß unterziehen. Mehl, Stärkepuder, Backpulver und Salz hinzufügen und alles zu einem feinen Teig verarbeiten. Den Teig portionsweise im vorgeheizten, gefetteten Waffeleisen backen bis er goldbraun ist.

Hefe - Waffeln

375 g Mehl
25 g Hefe
1/4 l lauwarme Milch
125 g Butter
50 g Zucker
4 Eier
1 Prise Salz
abgeriebene Schale einer Zitrone
1 Speckschwarte zum Einfetten

Die Hefe mit etwas Milch, Mehl und Zucker verrühren und 15 Minuten gehen lassen. Butter, Zucker, Eier, Salz und Zitronenschale schaumig rühren, und nach und nach das Mehl mit der angesetzten Hefe unterkneten und den Teig nochmals 1/2 Stunde gehenlassen. Das vorgeheizte Waffeleisen mit der Speckschwarte einfetten, den Teig löffelweise einfüllen und goldgelb backen.

Kartoffelwaffeln

1000 g Mehl
1500 g Kartoffeln
4 Eier
3/4 l Milch
20 g Hefe
1 Teelöffel Salz
1 Speckschwarte zum Einfetten

Hefe mit etwas Zucker, Milch und Mehl ansetzen und 15 Minuten gehen lassen. Inzwischen die Kartoffeln schälen und reiben; mit Eiern, Milch, Salz, Mehl und der Hefe zu einem geschmeidigen Teig verarbeiten und nochmals gehen lassen. Im eingefetteten, vorgeheizten Eisen portionsweise goldbraune Waffeln backen. Kartoffelwaffeln mit Schwarzbrot, Butter, Apfel- oder Rübenkraut zum Mittag- oder Abendessen servieren.

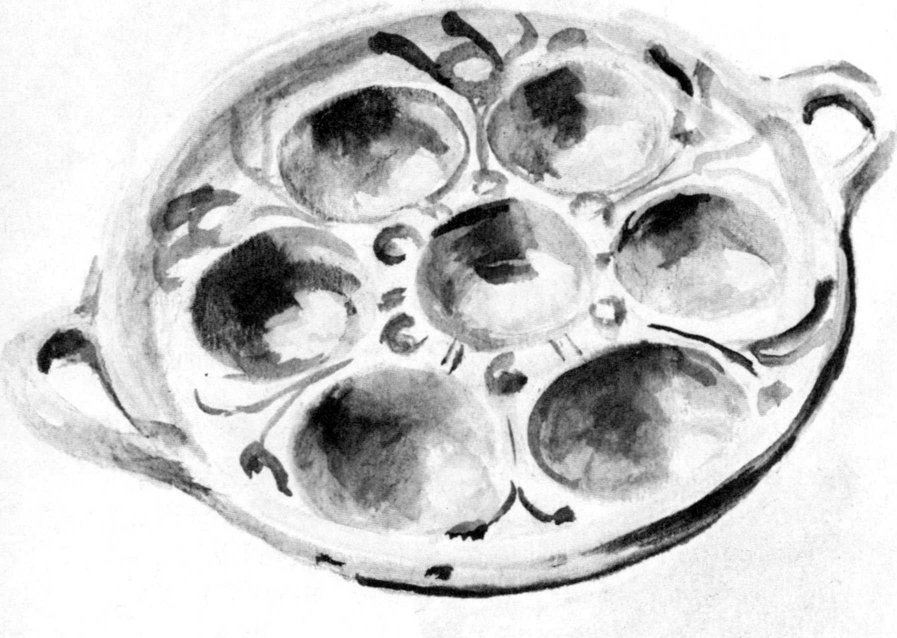

Röllchenwaffeln

Röllchenwaffeln in den unterschiedlichsten Geschmacksvarianten wurden bereits im 17.Jahrhundert gebacken. Die Handhabung der speziellen Röllchenwaffeleisen, oft reich verziert und mit Namen der Eigentümer versehen, erforderte schon eine gewisse Geschicklichkeit. Das über dem Herdfeuer erhitzte Eisen wurde löffelweise mit dem flüssigen Teig gefüllt, der nach kuzer Backzeit in noch heißem Zustand zu Röllchen gedreht wurde.

In gut verschlossenen Blechdosen aufbewahrt, bleiben die Waffeln lange Zeit frisch und knusprig.

Einfache Röllchen

125 g Butter
1 Ei
125 g Zucker
1/4 l lauwarmes Wasser
125 g Zucker
1/2 l lauwarme Milch
500 g Mehl
1 Prise Salz

Butter, Ei und 125 g Zucker schaumig rühren. Den restlichen Zucker im warmen Wasser auflösen und Milch, Mehl und Salz hinzufügen und das Ganze zu einem flüssigen Teig verarbeiten. Eine Stunde ruhen lassen. Den Teig eßlöffelweise in die Form füllen, kurz backen und noch heiß über einem Löffelstiel zu Röllchen formen.

Feine Röllchen

125 g Butter
125 g Zucker
4 Eier
1 Teelöffel Zimt
1 Teelöffel Rum
1 Prise Salz
125 g Mehl

Butter, Zucker, Eier und Gewürze schaumig rühren, mit dem Mehl zu einem dickflüssigen Teig verarbeiten. In die erhitzte Form jeweils einen Teelöffel des Teiges füllen und nach kurzer Backzeit noch heiß zu Röllchen formen.

Zimtröllchen

250 g brauner Kandis
1/4 l Wasser
2 Eier
50 g geschmolzene Butter
1 Teelöffel Zimt
2 Teelöffel Rum
250 g Mehl

Die Zutaten der Reihe nach miteinander verrühren und erhitzen und einmal aufkochen lassen. Den abgekühlten Teig teelöffelweise im vorgeheizten Eisen bakken und sofort zu Röllchen drehen.

Eisröllchen

3 Eier
100 g Puderzucker
1 Päckchen Vanillezucker
100 g Mehl
1 Prise Salz

Eier mit dem Puderzucker schaumig rühren. Mit Vanillezucker, Mehl und Salz zu einem flüssigen Teig verrühren. Eßlöffelweise in die Form geben, kurz backen und zu Röllchen formen. Die abgekühlten Röllchen mit Schlagsahne gefüllt zu Eisdesserts reichen.

Ballebäuschen

250 g Mehl
100 g Butter
50 g Zucker
1 Päckchen Vanillezucker
6 Eier
1/2 Teelöffel Backpulver
4 Eßlöffel Milch
Fett zum Ausbacken

Eier, Butter, Zucker und Vanillezucker schaumig rühren. Mehl mit Backpulver vermischt hinzugeben und die Milch unterrühren. Den Teig löffelweise in das heiße Fett geben und von beiden Seiten goldgelb backen. Mit Puderzucker bestäubt heiß servieren.

Quarkballebäuschen

250 g Mehl
250 g Quark
100 g Zucker
4 Eier
2 Päckchen Vanillezucker
1 Päckchen Backpulver
4 Eßlöffel Milch
Fett zum Ausbacken, Butter

Eier, Butter, Zucker und Vanillezucker schaumig rühren, anschließend den Quark hinzufügen. Mit Mehl, Backpulver und der Milch zu einem geschmeidigen Teig verrühren. Löffelweise in heißem Fett von beiden Seiten goldgelb backen und sofort servieren.

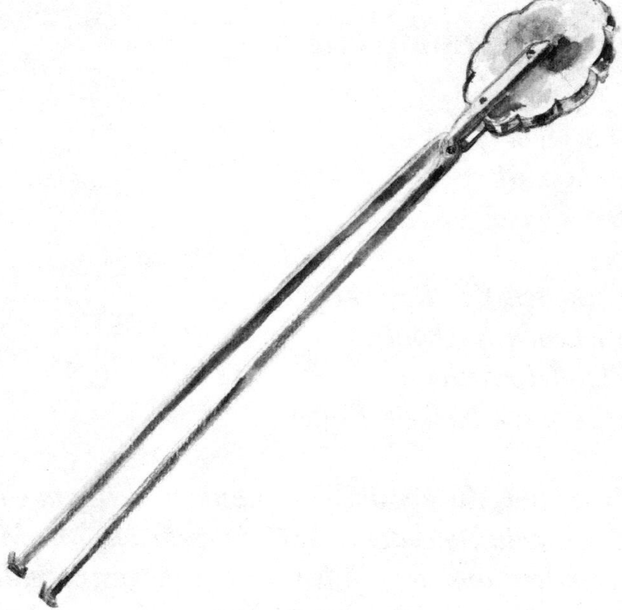

Hefeballebäuschen

500 g Mehl
5 Eier
100 g Butter
1/4 l Milch
20 g Hefe
125 g Zucker
Fett zum Ausbacken

Eier, Butter und Zucker verrühren. Die mit etwas Milch und Zucker angesetzte Hefe mit dem Mehl und der restlichen lauwarmen Milch unterkneten und zu einem lockeren Teig verarbeiten. Eine Stunde gehen lassen, dann goldgelb ausbacken und mit Puderzucker bestreut servieren. Nach Belieben können auch frische Waldbeeren oder Preiselbeeren eingebacken werden.

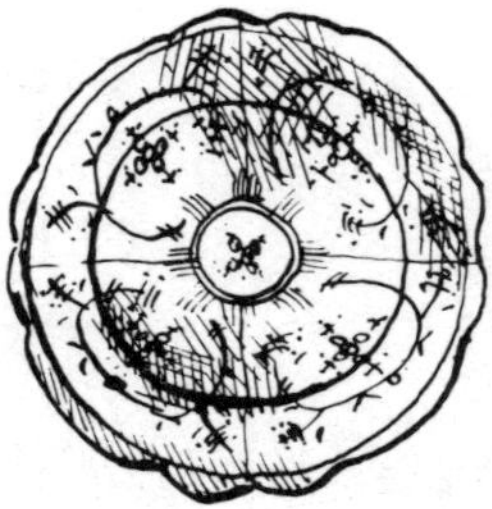

Rosinenballebäuschen

500 g Mehl
200 g Rosinen
125 g Butter
5 Eigelb
8 Eiweiß
abgeriebene Schale 1/2 Zitrone
1 Messerspitze Zimt
1/4 l lauwarme Milch
30 g Hefe
2 Eßlöffel Zucker
1 Prise Salz
Fett zum Ausbacken

Butter und Eigelb schaumig rühren. Die mit Milch, Zucker und Salz angesetzte Hefe mit dem Mehl vermischt unterkneten, Zitronenschale, Zimt und Rosi-

nen hinzufügen. Den Teig kräftig kneten, zum Schluß das zu steifem Schnee geschlagene Eiweiß untermengen. Den Teig 1½ Stunden gehen lassen, dann portionsweise in heißem Fett zu goldgelben Ballebäuschen backen.

Muzen

500 g Mehl
4 Eigelb
4 Eiweiß
1 Prise Salz
3 Eßlöffel Zucker
etwas Milch
1 Päckchen Backpulver
Fett zum Ausbacken

Eigelb mit Zucker und Salz schaumig rühren. Nach und nach das mit Backpulver vermischte Mehl und etwas Milch hinzufügen. Zum Schluß das zu steifem Schnee geschlagene Eiweiß unterziehen und, je nach Belieben, Rosinen untermischen. Den Teig teelöffelweise in das heiße Fett geben und unter häufigem Wenden schwimmend von allen Seiten goldgelb backen. Die erkalteten Muzen mit Puderzucker bestreut servieren.

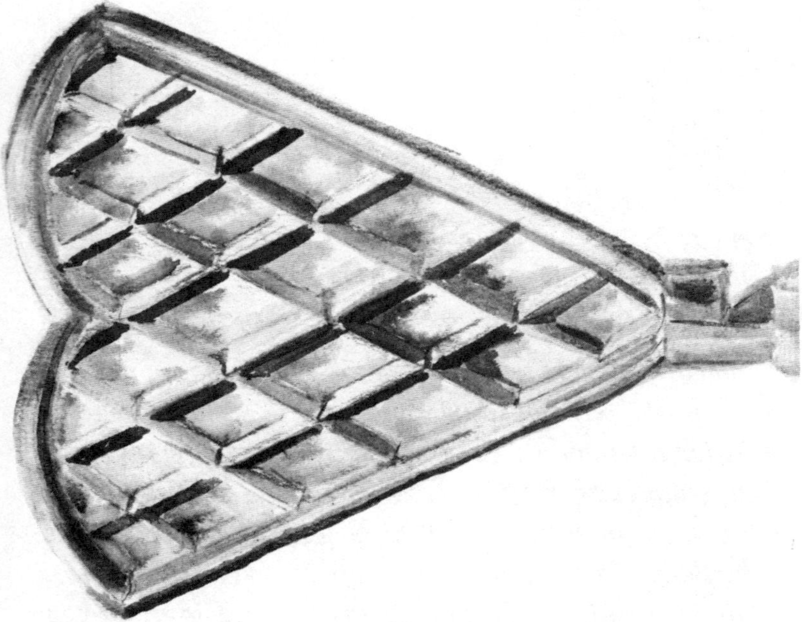

Reisbrei

1 l Milch
etwas Butter
1 Teelöffel Salz
abgeriebene Schale 1/2 Zitrone
200 g Milchreis

Milch , Butter, Salz und Zitronenschale zum Kochen bringen. Gewaschenen Milchreis hineingeben und bei kleiner Hitze ca.· 30 Minuten ausquellen lassen.
Nach Belieben mit Schlagsahne verfeinern und mit Zucker und Zimt bestreut servieren.

Aufgesetzter

150 g schwarze Johannisbeeren
150 g weißer oder brauner Kandis
1 Stück Vanilleschote
1 Flasche Korn

Gewaschene Johannisbeeren mit Vanilleschote und Kandis in eine weithalsige Flasche geben. Mit Korn übergießen und ca. 8 Wochen durchziehen lassen.